La Tierra

J.P. Bloom

Abdo
PLANETAS
Kids

abdopublishing.com

Published by Abdo Kids, a division of ABDO, PO Box 398166, Minneapolis, Minnesota 55439.

Printed in the United States of America, North Mankato, Minnesota.

052016

092016

 THIS BOOK CONTAINS RECYCLED MATERIALS

Spanish Translator: Maria Puchol, Pablo Viedma

Photo Credits: iStock, NASA, Science Source, Shutterstock, Thinkstock

Production Contributors: Teddy Borth, Jennie Forsberg, Grace Hansen

Design Contributors: Candice Keimig, Laura Rask, Dorothy Toth

Publishers Cataloging-in-Publication Data

Names: Bloom, J.P., author.

Title: La Tierra / by J.P. Bloom.

Other titles: Earth. Spanish

Description: Minneapolis, MN : Abdo Kids, [2017] | Series: Planetas |
    Includes bibliographical references and index.

Identifiers: LCCN 2016934897 | ISBN 9781680807523 (lib. bdg.) |
    ISBN 9781680808544 (ebook)

Subjects: LCSH: Earth (Planet)--Juvenile literature. | Solar system--Juvenile
    literature. | Spanish language materials--Juvenile literature.

Classification: DDC 550--dc23

LC record available at http://lccn.loc.gov/2016934897

Contenido

La Tierra

La Tierra es un **planeta**. Los planetas se mueven alrededor de las estrellas. Los planetas de nuestro sistema solar **orbitan** alrededor del sol.

4

5

La Tierra es el tercer **planeta** más cercano al sol. Está alrededor de 93 millones de millas (150 millones de km) del sol.

Venus

Mercurio

La Tierra

Marte

Júpiter

Saturno

Urano

Neptuno

7

La Tierra hace una **órbita** completa alrededor del sol cada 365 días. Es el equivalente a un año.

9

La tierra rota mientras está en **órbita** alrededor del sol. Una rotación completa tarda 24 horas. Esta rotación determina el día y la noche.

día

noche

11

La Tierra rota sobre un eje.

El eje terrestre está inclinado.

Esta inclinación propicia

las estaciones.

Verano

Otoño

Invierno

Primavera

13

La Tierra está compuesta de tres capas. Éstas son el núcleo, el manto y la corteza.

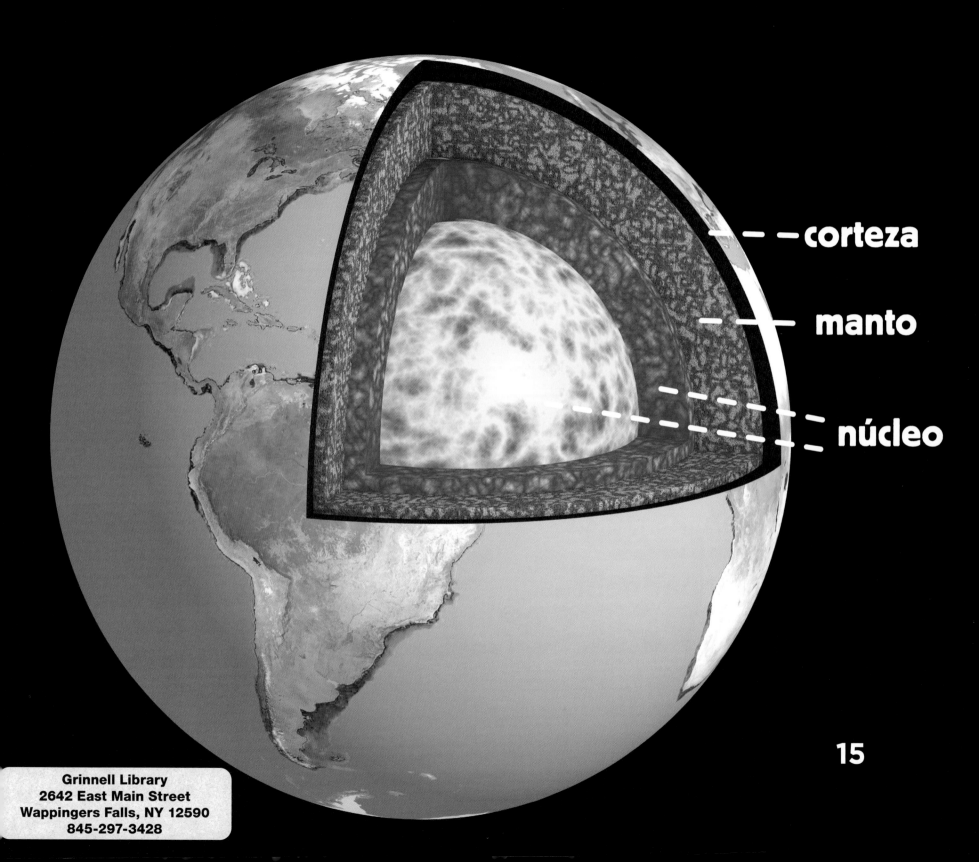

corteza

manto

núcleo

15

Agua, tierra y aire

El 70% de la Tierra está cubierta de agua. La Tierra tiene 7 masas de tierra llamadas continentes.

América del Norte

América del Sur

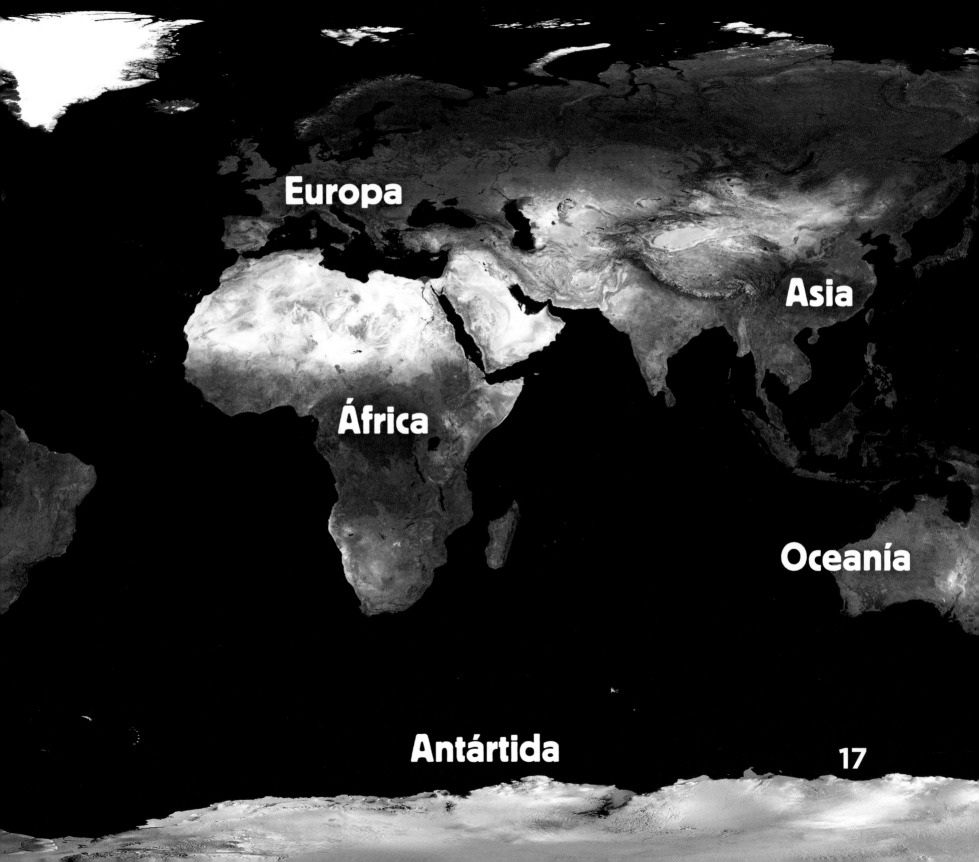

Europa

Asia

África

Oceanía

Antártida

17

La atmósfera de la Tierra está compuesta de gases. Está compuesta en su mayoría de **nitrógeno** y oxígeno. Los seres vivos los necesitan para respirar y vivir.

19

Vida en la Tierra

Los humanos, las plantas y los animales viven en la Tierra.

Más datos

- La Tierra es el único **planeta** donde se conoce la existencia de vida. Más de 7,000 millones de personas viven en la Tierra.

- Los organismos vivos necesitan agua. Si la Tierra estuviese más cerca del sol, el agua se evaporaría. Si estuviese más lejos, el agua se congelaría. La posición en el universo y su **órbita** hacen que la Tierra sea un planeta perfecto para la vida.

- La Tierra es el único planeta en nuestro sistema solar con placas tectónicas. Las placas tectónicas se mueven y chocan bajo tierra. Este proceso recicla el carbón, lo que evita que la Tierra se caliente demasiado.

Glosario

eje – línea imaginaria sobre la que rota un planeta.

nitrógeno – gas incoloro e inodoro que forma el 78% de la atmósfera de la Tierra.

órbita – trayectoria de un objeto espacial que se mueve alrededor de otro objeto espacial. Orbitar es moverse en esa trayectoria.

planeta – objeto espacial grande y redondo (como la Tierra) que gira alrededor de una estrella (como el sol).

Índice

abdokids.com

¡Usa este código para entrar en abdokids.com y tener acceso a juegos, arte, videos y más cosas!

Código Abdo Kids:
PEK7150